MY FIRST FRENCH WORDS

This book belongs to:
Ce livre appartient à :

....

....

Someone took all of our honey and hid it in these pages!

There are 17 jars of honey to find. One has been hidden on each double page.

Can you help us find all the missing jars? This is what they look like:

My First French Words
Amelia Baker

Edition ENP-1.0
ISBN 979-8432589699
Copyright © Shelfless, 2022

Amelia Baker
Kids Collection
WWW.AMELIA-BAKER.COM

The farm
La ferme

a barn
une grange

a rainbow
un arc-en-ciel

a tree
un arbre

a sheep
un mouton

a rabbit
un lapin

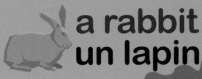

a tractor
un tracteur

a chicken
une poule

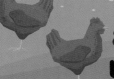

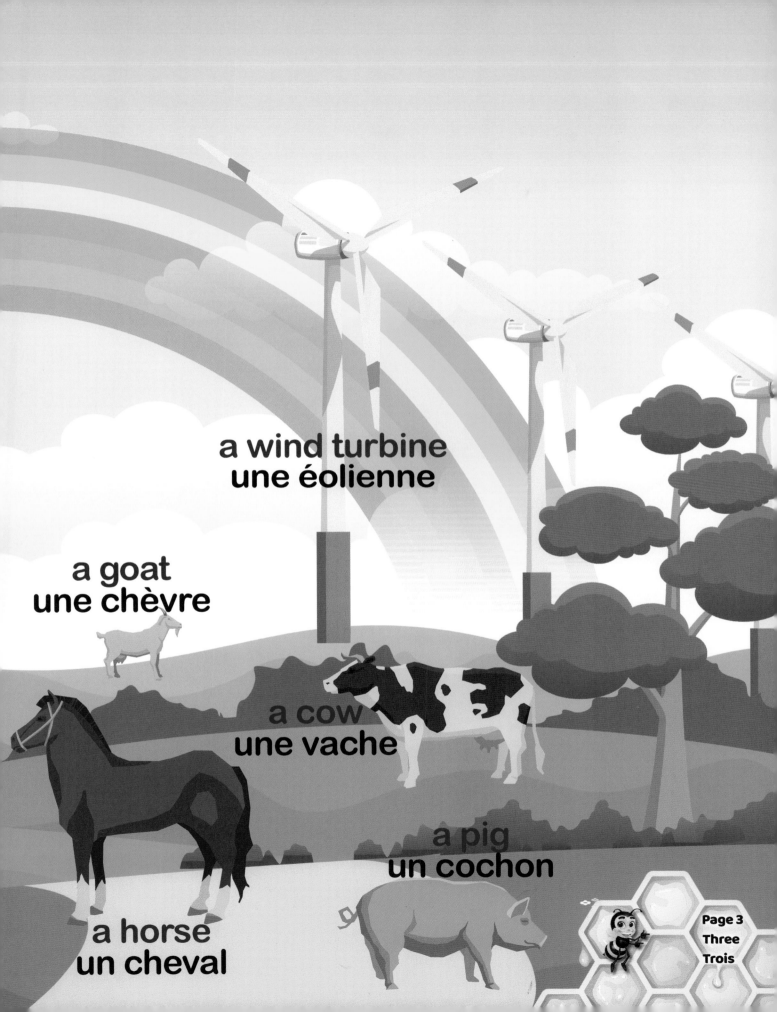

a wind turbine
une éolienne

a goat
une chèvre

a cow
une vache

a pig
un cochon

a horse
un cheval

Shapes
Formes

a rectangle
un rectangle

a square
un carré

a circle
un rond

a star
une étoile

a diamond
un losange

a triangle
un triangle

Colours
Couleurs

brown	**marron**
red	**rouge**
orange	**orange**
yellow	**jaune**
green	**vert**
blue	**bleu**
purple	**violet**
pink	**rose**
white	**blanc**
black	**noir**

The sea
La mer

a dolphin
un dauphin

a shark
un requin

a seahorse
un hippocampe

a starfish
une étoile de mer

a crab
un crabe

an oyster
une huître

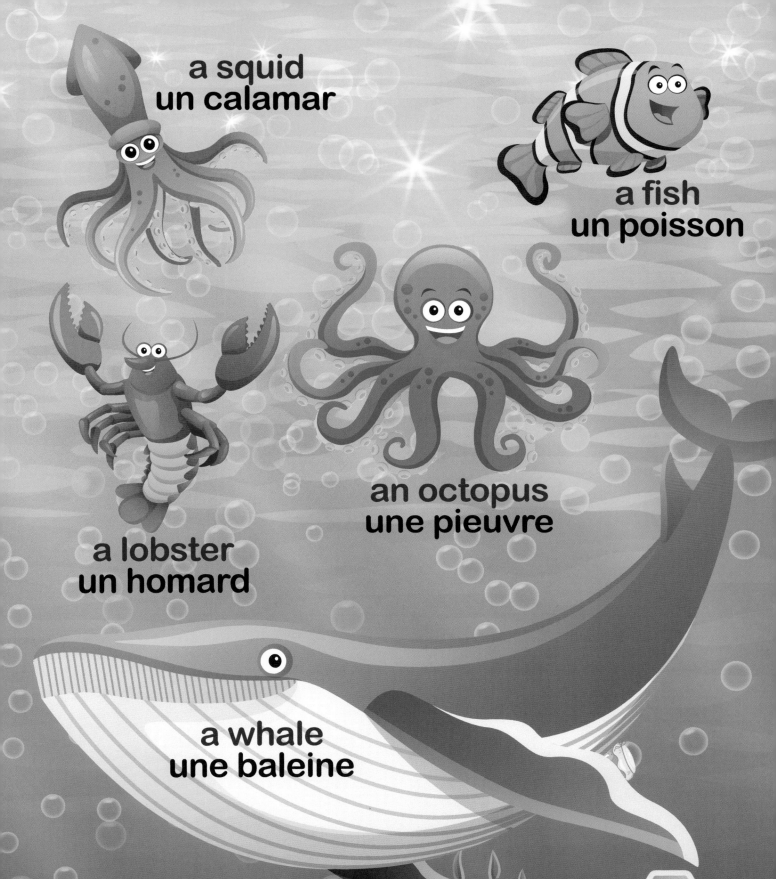

a squid
un calamar

a fish
un poisson

a lobster
un homard

an octopus
une pieuvre

a whale
une baleine

seaweed
algues marines

Numbers
Chiffres

one	un	
two	deux	
three	trois	
four	quatre	
five	cinq	
six	six	
seven	sept	
eight	huit	
nine	neuf	
ten	dix	

	eleven	onze
	twelve	douze
	thirteen	treize
	fourteen	quatorze
	fifteen	quinze
	sixteen	seize
	seventeen	dix-sept
	eighteen	dix-huit
	nineteen	dix-neuf
	twenty	vingt

School
L'école

a book
un livre

a magnifying glass
une loupe

a notebook
un cahier

a calculator
une calculatrice

a pen
un stylo

a ruler
une règle

a set square
une équerre

a pencil sharpener
un taille-crayon

a school bag
un cartable

a pencil
un crayon

a tablet
une tablette

an eraser
une gomme

The body
Le corps

a head
une tête

an eye
un œil

an ear
une oreille

an arm
un bras

a hand
une main

a leg
une jambe

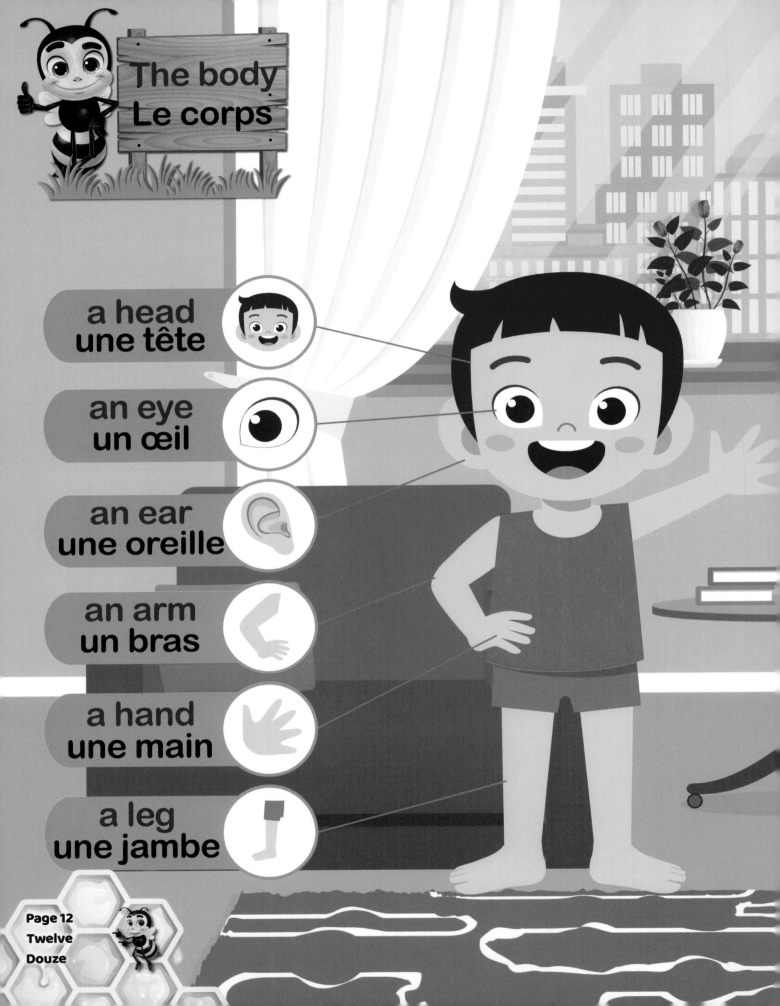

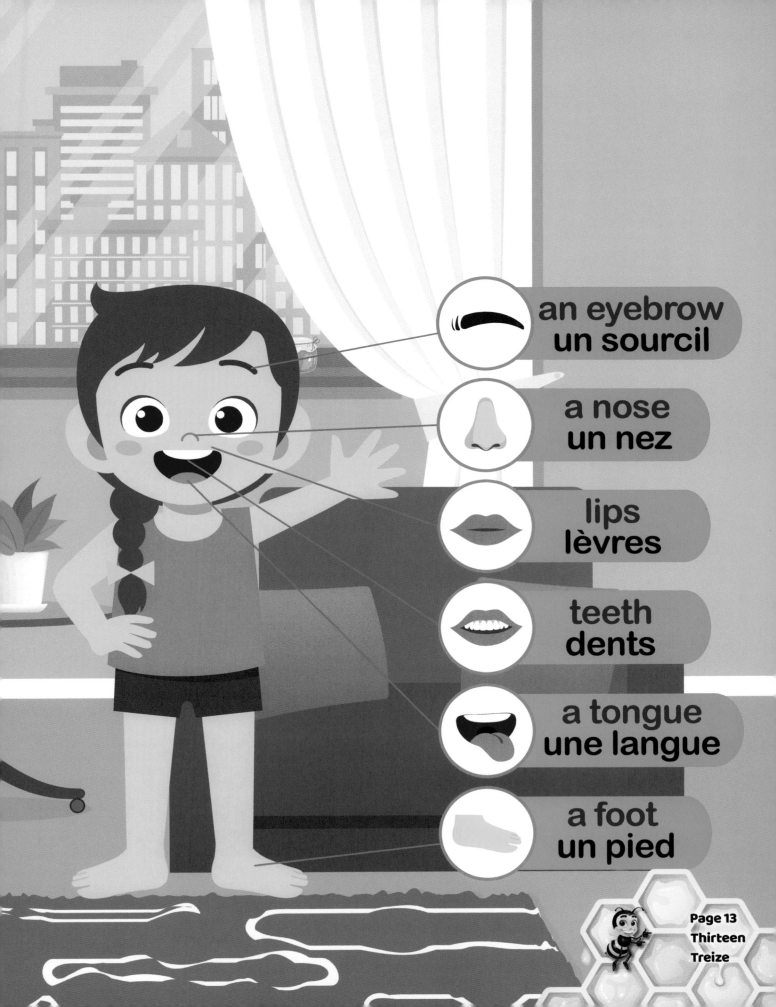

an eyebrow
un sourcil

a nose
un nez

lips
lèvres

teeth
dents

a tongue
une langue

a foot
un pied

Transport
Transport

a plane
un avion

a cruise ship
un bateau de croisière

a van
un fourgon

a bike
un vélo

a bus
un bus

a train
un train

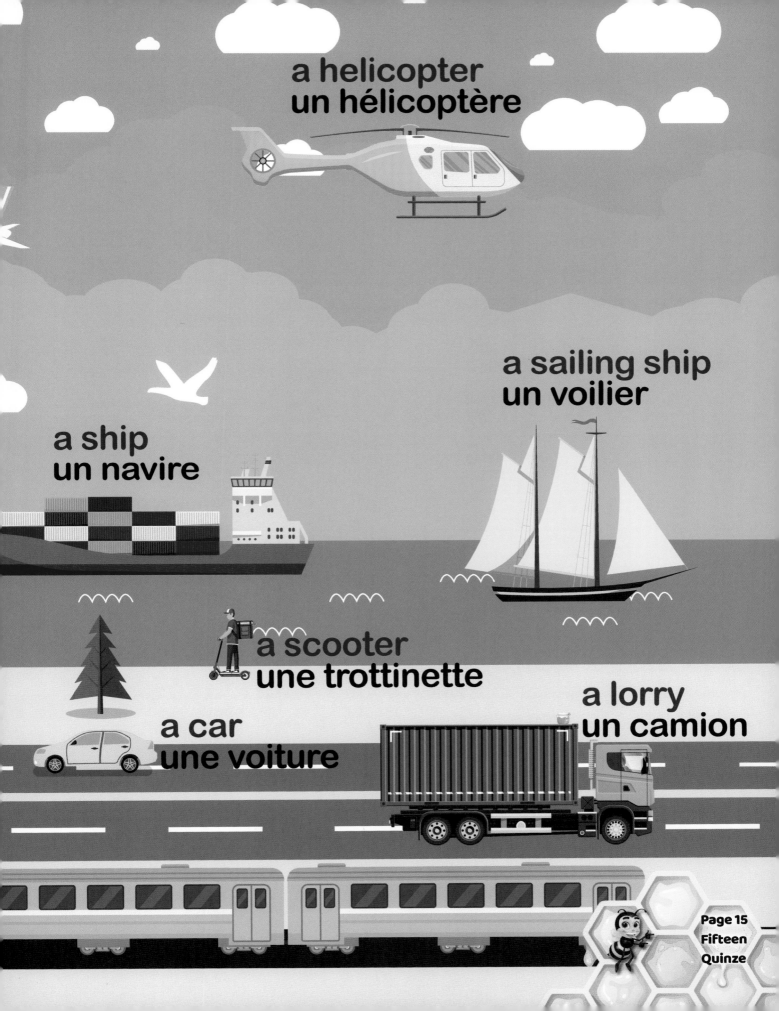

a helicopter
un hélicoptère

a sailing ship
un voilier

a ship
un navire

a scooter
une trottinette

a lorry
un camion

a car
une voiture

Shopping
Les courses

oil
huile

orange juice
jus d'orange

honey
miel

crisps
chips

milk
lait

cheese
fromage

a pizza
une pizza

an ice cream
une glace

a sausage
une saucisse

chicken
poulet

an orange
une orange

a carrot
une carotte

a banana
une banane

broccoli
brocoli

a sandwhich
un sandwhich

an egg
un œuf

bread
pain

a cake
un gâteau

water
eau

flowers
fleurs

Animals
Les animaux

a bee
une abeille

a giraffe
une girafe

a dog
un chien

a cat
un chat

a lion
un lion

a squirrel
un écureuil

a bird
un oiseau

a bear
un ours

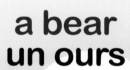

a snake
un serpent

a monkey
un singe

a tiger
un tigre

Family
La famille

granny
mamie

mummy
maman

daddy
papa

sister
sœur

me
moi

brother
frère

grandpa
papi

uncle
tonton

auntie
tata

cousin
cousin

cousin
cousine

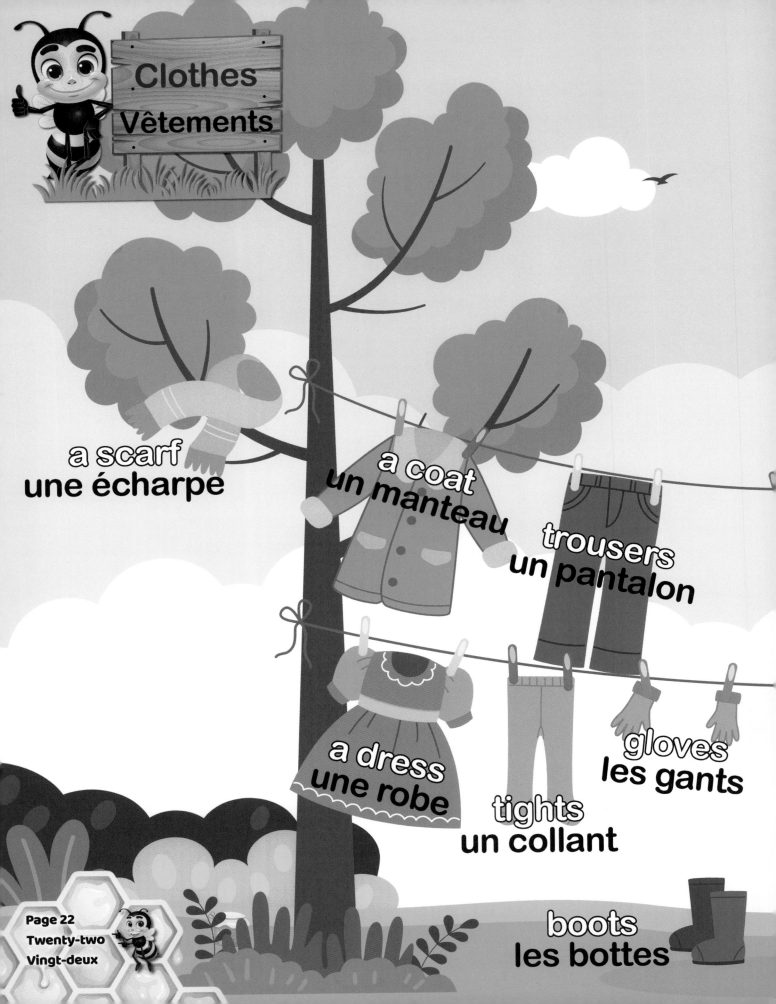

Clothes
Vêtements

a scarf
une écharpe

a coat
un manteau

trousers
un pantalon

a dress
une robe

tights
un collant

gloves
les gants

boots
les bottes

socks
les chaussettes

a jumper
un pull

shorts
un short

a hat
un bonnet

knickers
une culotte

a t-shirt
un tee-shirt

shoes
les chaussures

Useful words
Les mots utiles

hello
bonjour

yes
oui

left
gauche

love
amour

happy
joyeux

night
nuit

please
s'il te plait

right
droite

okay
d'accord

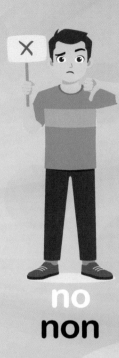

no
non

goodbye
au revoir

sad
triste

day
jour

thank you
merci

Sports
Les sports

cycling
cyclisme

rock climbing
escalade

running
course

baseball
baseball

boxing
boxe

basketball
basket-ball

hiking
randonnée

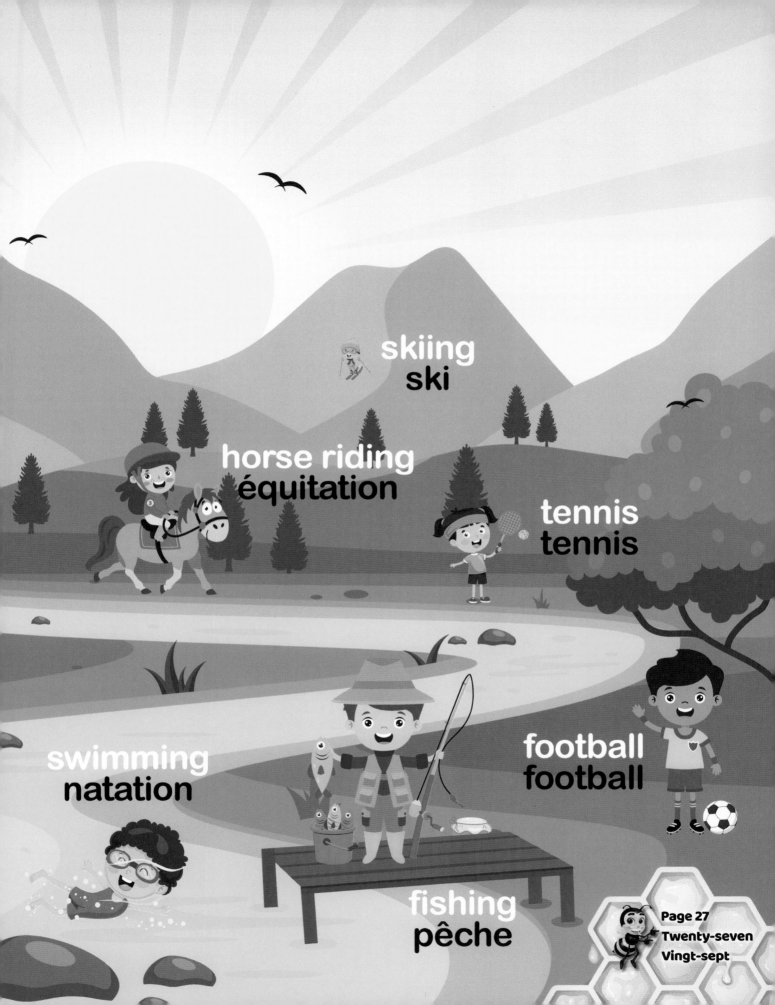

skiing
ski

horse riding
équitation

tennis
tennis

swimming
natation

football
football

fishing
pêche

Days
Les jours

monday
lundi

tuesday
mardi

wednesday
mercredi

thursday
jeudi

friday
vendredi

saturday
samedi

sunday
dimanche

spring
printemps

summer
été

autumn
automne

winter
hiver

Countries
Les pays

France
France

United Kingdom
Royaume-Uni

United States
États-Unis

Australia
Australie

Canada
Canada

New Zealand
Nouvelle Zélande

Netherlands
Pays-Bas

Norway
Norvège

Germany
Allemagne

Italy
Italie

Switzerland
Suisse

Poland
Pologne

China
Chine

India
Inde

Mexico
Mexique

Japan
Japon

a hospital
un hôpital

In town
En ville

the fire brigade
les pompiers

a bank
une banque

a bookshop
une librairie

a pharmacy
une pharmacie

a grocery
une épicerie

the town hall
la mairie

a church
une église

the police
la police

a bakery
une boulangerie

a supermarket
un supermarché

More Great Books from Amelia Baker

Activity Books

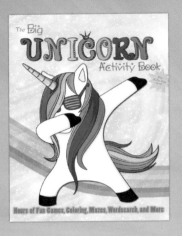

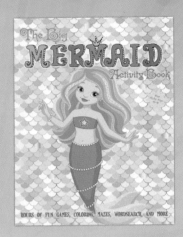

Puzzle Books

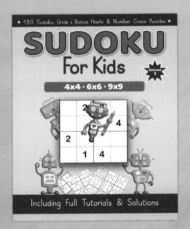
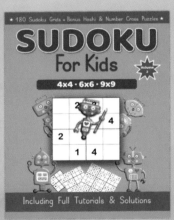
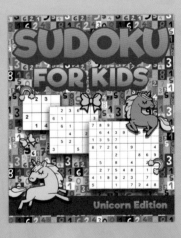
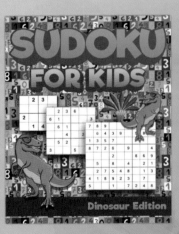

Find all of Amelia's books at Amazon.

For more information see:

www.amelia-baker.com